AF509729

LA VISITE A BEDLAM,

BALLET-PANTOMIME.

EXTRAIT DU CATALOGUE

DE BEZOU, LIBRAIRE,

Boulevard Saint-Martin, N°. 29.

Monsieur et Madame, folie-vaudeville en un acte, par Mrs. Pellissier, Ch. Hubert et Décour.... 1 50

Le Monstre et le Magicien, mélodrame en trois actes, par Mrs. Merle et Antony, 5e. édition... 1 50

Marie, opéra-comique en trois actes, par M. Planard.............................. 2 50

La Brouette du Vinaigrier, comédie de Mercier, réduite en un acte....................... 1 50

Le Timide, opéra - comique en un acte, par Mrs. Scribe et Xavier....................... 2 »

L'Anonyme, comédie-vaudeville en un acte, par Mrs. Dupeuty, de Villeneuve et Jouslin de Lasalle 1 80

C'est demain le Treize, vaudeville en un acte, par Mrs. Arago et Desvergers............... 1 50

Robin des Bois, opéra féerie en trois actes, par Mrs. Sauvage et Castil-Blaze, 3e. édition...... 1 50

Les Noces de Gamache, opéra en trois actes, par Mrs. Sauvage et Dupin.................... 2 »

Les Trois Sultanes, vaudeville en un acte....... 1 50

Marguerite d'Anjou, opéra en trois actes, par M. Sauvage................................ 2

La Vieille, opéra - comique, en un acte, par Mrs. Scribe et G. Delavigne................. 2

La Dame Blanche, opéra-comique en trois actes, par M. Scribe, 4e. édition.................. 2 50

Le Maçon, opéra-comique en trois actes, par Mrs. Scribe et G. Delavigne, 2e. édition...... 2 50

Concert à la Cour, opéra-comique en un acte, par Mrs. Scribe et Mélesville................. 1 50

Le Tambour et la Musette, vaudeville en un acte, par Mrs. Jouslin de Lasalle et Ernest........ 1 50

Le Manuel des Coulisses ou *Guide de l'Amateur*, vol. in-18, contenant les mots usités au théâtre. 1 50

LA VISITE

A BEDLAM,

BALLET-PANTOMIME EN DEUX TABLEAUX,

PAR M. CORALY,

REPRÉSENTÉ, POUR LA PREMIÈRE FOIS, A PARIS, SUR LE THÉATRE DE LA PORTE SAINT-MARTIN, LE 19 SEPTEMBRE 1826.

PRIX : 3o CENTIMES.

A PARIS,

CHEZ BEZOU, LIBRAIRE,

SUCCESSEUR DE M. FAGES,

AU MAGASIN DE PIÈCES DE THÉATRE,

Boulevard St.-Martin, N°. 29, vis-à-vis la rue de Lancry.

1826.

PERSONNAGES.	ACTEURS.

LE BARON DE St.-ELME . . . . M. *Moëssard*.

AMÉLIE, sa Nièce . . . . Mme. *Zélie Paul*.

ALFRED DE ROSEVAL, Mari d'A-
mélie . . . . M. *Mazilier*.

GAVOTTINO, Maître à danser italien. M. *Mazurier*.

TOMY, Jardinier du Baron . . . . M. *Vissot*.

Domestiques . . . . ⎫
Des Garçons Jardiniers . . . . ⎬ *Figurans*
Femmes-de-Chambre . . . . ⎬ *et Figurantes*.
Petits Élèves de danse . . . . ⎭

DANSE.

Pas de Deux : M. et Mme. Alexis.

Pas de Trois : Mmes. Florentine, Vollet et M. Allard.

Pas Grec : M^{rs}. Mazurier, Dumas, Dantan, Eugène,
Adolphe, Tournois, Sauton.

DE L'IMPRIMERIE DE J.-S. CORDIÉR FILS,
Rue Thévenot, N°. 8.

LA VISITE

A BEDLAM,

BALLET-PANTOMIME EN DEUX TABLEAUX.

Le théâtre représente un parc à l'anglaise fort élégant, orné de Statues et d'arbres exotiques; dans le fond, un jardin fermé par un grillage, avec une porte de même; à gauche, sur le premier plan, un pavillon; au troisième plan, l'entrée du parc; sur le devant du théâtre, à droite, un saule pleureur, avec un banc de gazon au pied.

1ᵉʳ. TABLEAU.

SCÈNE PREMIÈRE.

LE BARON, quelques Domestiques.

Le Baron de St.-Elme, oncle d'Amélie, prépare en secret une fête pour sa nièce, afin de la distraire de la mélancolie où elle est plongée depuis que son époux, Alfred de Roseval, l'a abandonnée. Quoiqu'il l'ait amenée à Londres, dans le château dont il est propriétaire auprès de Bedlam, le séjour de l'Angleterre ne l'a pas rendue plus gaie; il ordonne à ses valets de continuer les préparatifs qu'il a commandés : le feu d'artifice, les fleurs et les danses qu'*il signor Gavottino* doit faire exécuter. Il aperçoit sa nièce, et les valets se retirent, lui-même se tient à l'écart.

SCÈNE II.

LE BARON, AMÉLIE.

Amélie paraît, elle est rêveuse; une de ses femmes
porte devant elle le portrait d'un jeune officier : elle le
place dans un jour favorable, renvoie sa femme-de-
chambre; se croyant seule alors, elle contemple avec
amour l'image de son infidèle. Le Baron s'avance, et lui
reproche de se livrer à des regrets que ne mérite pas celui
qui l'a trompée. Amélie lui répond qu'il était charmant,
plein de jeunesse et de grâces. Le Baron, qui ne l'a jamais
connu, lui rappelle la promesse qu'elle lui a faite de lui
montrer son portrait; elle le conduit auprès de son chevalet, et il demeure frappé des traits gràcieux et nobles
que le pinceau d'Amélie a retracés de mémoire.

SCÈNE III.

Les Mêmes, GAVOTTINO.

Un air vif annonce l'arrivée de Gavottino, professeur
e danse italien, passionné pour son art, et qui vient
pour donner une leçon à la jeune comtesse. Il parait, et
ne fait qu'une pirouette depuis le fond du théâtre jusqu'au
devant de la scène. Il salue profondément ; le Baron et
Amélie lui rendent son salut; il les fait recommencer, en
leur plaçant les bras, la tête, et en donnant fort poliment
de pied dans les jambes du Baron, qui n'est pas à la première position. Le Baron l'envoie promener, et lui représente qu'il n'est plus d'âge à pouvoir danser ; il propose
à la jeune comtesse de lui donner sa leçon, elle la refuse ;
il reçoit son cachet en faisant des révérences grotesques,
et tire alors de sa poche un énorme manuscrit ; c'est le

programme de son ballet de l'*Univers dansant*, qu'il veut dédier à Amélie ; il lui fait entendre qu'il attend une grande gloire de ce chef-d'œuvre ; le Baron et sa nièce refusent l'honneur de sa dédicace.

SCÈNE IV.

Les Mêmes, TOMY.

Tomy arrive, il explique qu'il était à boire à la taverne, lorsqu'un jeune français s'est présenté en demandant à voir Bedlam, la maison des fous ; on lui a répondu que pour y entrer il fallait une lettre d'un des principaux habitans des environs, et lui Tomy, a promis à ce jeune français que son maître ne lui refuserait pas ce service ; le Français lui a donné une pièce d'or, en lui en promettant d'autres s'il réussissait à le faire entrer dans Bedlam. Tomy remet alors au Baron un billet que ce jeune homme lui adresse pour solliciter un mot avec lequel il se présentera chez le directeur de la maison des fous. Le Baron ouvre son billet ; mais quelle est sa surprise, en voyant qu'il est signé *Alfred de Roseval*. Sa nièce veut savoir ce qui l'étonne, il lui montre cette signature ; elle paraît d'abord enchantée de l'heureux hasard qui ramène près d'elle l'ingrat qu'elle regrette ; mais après avoir réfléchi, elle dit à son oncle que c'est un monstre, qu'elle ne veut plus se retrouver avec lui. et qu'elle ne veut pas même le voir. Le Baron feint de l'approuver, et témoigne par ses gestes qu'il n'en croit rien ; il a un projet qu'il veut mettre à exécution, dont il lui fait part, et auquel elle promet de se prêter.　　　　(*Elle s'éloigne*).

SCÈNE V.

LE BARON, TOMY.

Le Baron va à la table qui est près du pavillon, et trace quelques mots à la hâte, qu'il remet à Tomy, en lui faisant comprendre qu'au lieu de mener Alfred à Bedlam, il veut qu'il le conduise ici. Tomy ne comprend rien à cette idée; mais pourvu qu'il ait son pour-boire,. peu lui importe.   (*Il sort.*)

SCÈNE VI.

LE BARON, un Peintre, un Costumier, Domestiques.

Le Baron a été au fond appeler tous ses gens; ils accourent : un peintre décorateur et un costumier, chargé d'habits de différens caractères, sont avec eux ; le costumier explique qu'il a été envoyé par Gavottino, et qu'il apporte les costumes qui doivent servir aux acteurs de la petite fête dansée qu'il a l'intention de faire répéter généralement.

Tous ces costumes peuvent être utiles à son dessein ; il ordonne à ses valets de s'en revêtir le plus promptement possible ; il veut donner à son château l'aspect d'une maison de fous. Il commande au peintre de faire sur-le-champ une enseigne, sur laquelle il écrira en grosses lettres : BEDLAM, et il les renvoie tous en état de jouer leurs rôles. Il fait enlever le chevalet d'Amélie, et s'applaudit, quand il est seul, de l'idée qu'il a conçue. Le peintre revient placer son enseigne; à peine a-t-il fini, qu'une musique légère annonce l'arrivée d'Alfred de Roseval.

SCÈNE VII.

LE BARON, ALFRED, TOMY.

(En entrant, Alfred admire l'élégance des jardins. L'orchestre joue l'air de Jean de Paris : Quel plaisir d'être en voyage.)

Le Baron prend un air grave pour mieux représenter le directeur de Bedlam ; Alfred lui remet le billet que Tomy lui a donné comme un laissez-passer. Le Baron, après l'avoir lu en riant sous cape, exprime à Alfred qu'il est charmé de la visite d'un homme tel que lui, et qu'il s'empressera de lui faire connaître la maison en détail, et les genres différens de folie qui s'y trouvent réunis. Alfred trouve la maison très-agréable, il l'habiterait volontiers : le Baron lui fait observer qu'elle n'est peuplée que de gens dont la tête est dérangée.

SCÈNE VIII.

ALFRED, LE BARON, GAVOTTINO.

Gavottino, tout hors de lui, accourt annonçant au Baron que tous les artistes sont prêts pour la fête, et qu'il n'attend que le signal pour la répétition générale ; il est dans l'enchantement. Alfred s'informe près du Baron du genre de folie de Gavottino ; le Baron lui fait comprendre que c'est un fou dont la folie n'est pas dangereuse, et qu'on lui laisse la liberté ; c'était un grand seigneur, qui maintenant, a la manie de se croire un célèbre danseur, et qui ne s'occupe toute la journée que de danse ; il veut faire sauter et danser tout le monde, et le Baron lui-même ne peut échapper à sa manie. Pendant qu'Alfred réfléchit sur le genre de folie de Gavottino, le Baron montre à ce dernier Alfred, en lui indiquant que c'est un prince étranger, grand protecteur des arts, et qui raffole de la danse. Gavottino est enchanté, et fait trois ou quatre saluts à Alfred, qui les lui rend très-gravement. Le Baron fait entendre à ce dernier qu'il a quelques affaires, et que dans un instant il sera de retour. Avant de s'éloigner, il annonce, par sa pantomime, qu'il va rejoindre sa nièce; il salue très-poliment Alfred, et Gavottino, par des bravos, prouve que le Baron s'est bien rappelé ses leçons, et qu'il salue maintenant tout-à-fait en homme de l'art.

SCÈNE IX.

ALFRED, GAVOTTINO.

Gavottino, qui croit Alfred un prince étranger, prend un air très-cérémonieux pour l'aborder. Alfred ne peut s'empêcher de rire de sa figure originale; en se rappelant que c'était un grand seigneur, il le reçoit avec beaucoup de respect; il est surpris de le voir dans une pareille maison. Gavottino lui fait entendre qu'il n'a pas toujours été à Londres, qu'il a beaucoup voyagé; et par ses différens genres de danse, il lui indique qu'il a paru sur tous les théâtres de l'Europe; qu'il a travaillé pour tous les artistes, et que ses ballets ont eu partout des succès miraculeux; il veut profiter de cette occasion pour lui donner une idée de ses talens; il lui fait comprendre qu'il tient beaucoup à obtenir les suffrages d'un prince aussi distingué que lui, et il exécute devant lui un ballet entier, en faisant alternativement le premier danseur, la première danseuse, le comique, le niais, les figurans, les comparses, etc. Alfred ne peut s'empêcher de rire et d'applaudir Gavottino, qui, au comble de l'enthousiasme, lui propose de lui donner une leçon de danse; mais avant, il veut lui faire voir ses écoliers; il donne le signal convenu.

Entrée successive des domestiques grotesquement et diversement habillés.

BALLET ET SCÈNES DE FOLIE.

Pas de deux dansé par M. et Mme. Alexis.

A la fin du Ballet, Gavottino qui s'est éloigné un instant, reparait bientôt sous le costume du Monstre. Son apparition effraye tous les gens du château, qui se retirent précipitamment. Gavottino exécute alors plusieurs scènes du Monstre, ce qui confirme de plus en plus à Alfred que Gavottino est réellement fou. Les domestiques reviennent peu à peu; la cloche du château sonne, et tous s'éloignent malgré les trépignemens de Gavottino qui, désespéré, finit par courir après eux, espérant les ramener.

Fin du Premier Tableau.

2ME. TABLEAU.

Même Décoration.

SCÈNE PREMIÈRE.

ALFRED, LE BARON.

On entend les sons dune harpe; Alfred prête toute son attention.

La musique continue; Alfred s'approche de l'endroit d'où elle part, et en apercevant le Baron, il s'informe de ce que cela peut être; celui-ci lui fait entendre que c'est une jeune femme charmante, que tous les jours à pareille heure, lorsque tous les fous rentrent, elle a l'habitude de faire sa promenade. Alfred veut rester un instant pour la voir; le Baron l'entraîne dans ce moment : Alfred l'aperçoit, il est dans le ravissement. Cependant sa position le touche vivement; le Baron lui indique qu'elle est bien à plaindre, ayant eu le malheur d'épouser un mauvais sujet qui l'a abandonnée, et que depuis cet événement, elle est devenue folle d'amour.

(Dans le moment, Amélie paraît dans le jardin du fond; elle ouvre la grille, et vient s'asseoir sous le saule, le Baron se retire).

SCÈNE II.

ALFRED, AMÉLIE.
(Elle est assise et n'aperçoit point Alfred).

Alfred, en regardant Amélie, croit la reconnaître; il cherche à se rappeler ses traits, mais il éloigne cette idée... Amélie, après avoir ôté son chapeau, exprime qu'elle éprouve un moment de repos à se trouver dans ce lieu, seule dans le monde. Elle tire alors de son sein un médaillon. Alfred, qui s'est approché, l'examine avec plus d'attention; il la reconnaît : c'est Amélie; il va s'élancer vers elle, au bruit qu'il fait, Amélie effrayée se retourne précipitamment et le regarde avec surprise; Alfred ne peut concevoir qu'elle ne le reconnaisse pas; il s'approche d'elle, lui prend la main, elle le repousse, et lui indique que sa vue lui fait mal; Alfred est désespéré d'être la cause de son malheur. Amélie voit ses pleurs; elle se rapproche, cherche à le consoler; elle s'informe s'il a été aussi trahi, abandonné : celui-ci lui fait entendre qu'il a perdu tout ce qu'il aimait. Sa situation est la même que la sienne, elle l'engage à rester près d'elle; elle aimait aussi, mais son amant est parti, il s'est éloigné pour jamais. Alfred a peine à comprendre comment elle a pu perdre ainsi la raison; il cherche à se faire reconnaître, mais Amélie se refuse à toutes les preuves qu'il veut lui donner; elle lui annonce qu'Alfred est parti pour ne plus revenir; elle lui fait entendre que maintenant elle n'est pas à plaindre de son départ, que c'est lui qui a eu tort ; elle s'approche mystérieusement d'Alfred, elle lui exprime, mais sous le plus grand secret, qu'à son retour elle voulait le surprendre par ses propos ; elle ajoute que c'était pour lui seul qu'elle avait étudié. Puis, reprenant un air gai, elle lui apprend qu'elle a fait son portrait. (*Regardant autour d'elle avec inquiétude, dans la crainte d'être aperçue, et ne voyant personne.*) Elle prend un portrait qu'elle lui montre très-vite ; Alfred résiste à peine à son bonheur. Elle lui fait comprendre que ce n'est pas tout ce qu'elle a fait : il aimait la musique, la walse, maintenant elle est très-forte sur la harpe, et elle walse à ravir. Elle exécute quelques tours de walse sur l'air de la *Walse de la demoiselle à marier.* Alfred, enchanté, se jette à ses genoux ; Amélie s'arrête un instant, le regarde avec attendrissement ; puis, reprenant tout-à-coup un air très-gai, elle recommence à walser. Dans ce moment, Gavottino paraît dans le fond ; il est charmé, il bat la mesure, et se met entrain de walser aussi. Amélie l'aperçoit, en est effrayée et s'éloigne précipitamment en fermant la grille sur elle.

SCÈNE III.

ALFRED, GAVOTTINO.

Gavottino témoigne son étonnement d'avoir vu le prince aux pieds de la comtesse. Alfred, furieux de la disparition d'Amélie, prend Gavottino à la gorge, et le menace de l'étrangler, s'il ne lui indique à l'instant même où elle est... Bientôt il réfléchit qu'il a affaire à un fou, sa colère se calme, et il laisse Gavottino pour s'occuper du portrait qu'Amélie a oublié. Gavottino un peu remis de sa frayeur, s'approche de lui et lui propose, pendant qu'il est seul, de lui donner sa leçon de danse... Alfred le repousse avec humeur ; puis, lui faisant signe de revenir, il s'informe s'il connaît cette jeune femme qui vient de s'éloigner. Gavottino lui explique que c'est son écolière, la nièce du baron de St.-Elme, propriétaire du château. Alfred pense qu'il veut parler de la maison des fous. Gavottino lui fait comprendre que la maison des fous est à côté, et il la lui montre; mais qu'ici c'est la propriété du Baron, et qu'il n'y a point de fous au château. Quant à la jeune dame, c'est son écolière, c'est lui qui lui montre à danser depuis peu de temps. Alfred, impatienté, lui exprime qu'il est fou, et qu'il n'a jamais été maître de danse. Colère de Gavottino, qui, pour lui prouver qu'il est bien réellement maître de danse, tire de sa poche plusieurs lettres de recommandation, et les lui montre. Etonnement d'Alfred, qui ne peut rien concevoir à cela; d'après ce qu'il a vu, Gavottino lui indique que les gens qu'il a pris pour des fous sont les domestiques du Baron; que ce soir il doit donner une fête à sa nièce, et que c'est lui qui les a ainsi travestis pour paraître dans son ballet de l'*Univers dansant*. Alfred réfléchit un instant; il a été trompé, il veut prendre sa revanche. Il va se retirer; Gavottino lui propose de le faire paraître dans son ballet, dont il lui offre la dédicace. Alfred ne l'écoute pas, et apercevant le Baron et sa nièce, il sort par la grille du fond.

SCÈNE IV.

GAVOTTINO, LE BARON, AMÉLIE.

(*Ils entrent avec précaution. Pendant ce temps, Gavottino exécute quelques pas nouveaux*).

Amélie exprime a son oncle son chagrin de ce qu'Alfred n'est plus là; elle lui dit que Gavottino l'a empêché de rester plus longtemps près de lui..... Gavottino annonce que le prince vient de s'éloigner la tête toute troublée..... il n'est pas bien sûr qu'il ait tout son bon sens, et il lui

suppose un peu de folie, puisqu'il n'a même pas voulu ac-
.cepter la dédicace de son ballet, et qu'il est parti comme
un éclair au moment où il allait exécuter un nouveau
pas.

SCÈNE V.

Les Mêmes, TOMY.

Tomy accourt en désordre, il indique qu'il vient de
rencontrer le jeune homme français ; que sa tête est tout-
à-fait perdue, qu'il est dans une telle fureur, qu'il casse
tout ce qui se trouve devant lui. (*On entend un grand
bruit.*) Amélie, effrayée, engage son oncle à envoyer
chercher des secours ; le Baron sort pour y aller lui-même.
Gavottino veut faire rentrer Amélie..... (*Le bruit se re-
nouvelle.*) Alfred traverse le théâtre d'un air égaré, ses
vêtemens sont en désordre ; Gavottino et Tomy sont ef-
frayés : en se sauvant, Alfred rencontre Gavottino, et lui
fait faire cinq ou six pirouettes.

SCÈNE VI.

ALFRED, AMÉLIE.

Alfred traverse le théâtre en furieux ; Amélie se retire
derrière un arbre, pour se rapprocher doucement de lui,
et cherche à le calmer ; il la regarde, et semble ne pas la
reconnaître ; il s'informe d'Amélie ; elle lui fait signe
qu'elle la connaît : il redevient furieux, puis s'appaise,
et lui indique qu'il a beaucoup aimé cette Amélie, qu'il l'a
quittée cependant pour voyager, et que partout où il est
passé il a rencontré des femmes charmantes, mais jamais
aussi jolies qu'elle.

Etonnement d'Amélie, qui le croyait infidèle ; Alfred lui fait entendre qu'elle est charmante, mais qu'elle tenterait envain de le séduire. Amélie essaie de lui faire comprendre qu'elle est la femme qu'il regrette ; Alfred la repousse doucement, peu à peu elle se rapproche ; Alfred la regarde tendrement, mais comme il se rappelle le souvenir d'Amélie, il la repousse encore. Amélie prend sa harpe, elle fait entendre un air qu'Alfred aimait beaucoup : celui-ci se rapproche, s'anime, l'embrasse et tombe dans ses bras.

SCÈNE VII.

Les Mêmes, LE BARON, puis GAVOTTINO, TOMY, et divers Personnages.

Amélie fait signe au Baron de ne pas approcher, elle craint que sa présence ne lui rappelle sa folie. Alfred se lève tout-à-coup, court embrasser son oncle. Surprise d'Amélie et du Baron, auxquels Alfred annonce que cette folie n'était qu'une ruse de sa part. Gavottino paraît, et annonce l'arrivée des invités qui doivent prendre part à la fête ; il place le Baron, Amélie et Alfred sous un berceau, et la fête commence.

BALLET GÉNÉRAL.

Dans le courant du ballet, Gavottino, vêtu en Grec, avec plusieurs de ses amis, exécute la *Danse populaire des Grecs*. Le ballet se termine par une contredanse anglaise.

FIN.

www.ingramcontent.com/pod-product-compliance
Lightning Source LLC
LaVergne TN
LVHW021601170726
843501LV00010B/3813